Emosyon Mwen Yo

FACHE

Yon Liv Crabtree Rasin

AMY CULLIFORD
JEAN-PIERRE GASTON

CRABTREE
Publishing Company
www.crabtreebooks.com

Sipò Lekòl A Kay Pou Moun Kap Bay Swen Ak Pwofesè Yo

Liv sa ede timoun yo grandi lespri yo nan kite yo pratike lekti. Men kèk kesyon kap ede lektè a bati konpreyansyon konpetans yo. Epons posib yo parèt an wouj.

Anvan Lekti:

- De kisa mwen panse liv sa ap pale?
  - *Liv sa se sou lè ou santi ou fache.*
  - *Liv sa se sou kisa santi fache a sanble oswa tankou kijan li fè ou santi.*
- Kisa mwen vle aprann sou sijè sa?
  - *Mwen vle aprann kisa pou mwen fè si mwen santi mwen fache.*
  - *Mwen vle aprann kijan santi fache a sanble.*

Pandan Lekti:

- Mwen mande poukisa...
  - *Mwen mande poukisa nou rele lè nou fache.*
  - *Mwen mande poukisa nou fronce sousi nou lè nou fache.*
- Kisa mwen te aprann jiskaprezan?
  - *Mwen te aprann ke fache se yon emosyon.*
  - *Mwen te aprann ke desine ka ede ou lè ou fache.*

Aprè Lekti:

- Ki detay mwen te aprann sou sijè sa?
  - *Mwen te aprann se pa yon move bagay lè ou fache.*
  - *Mwen te aprann ke gen anpil fason ou ka kalme tèt ou apre ou fin fache.*
- Li liv la ankò epi chèche mo vokabilè yo.
  - *Mwen wè mo **legim** nan paj 4 ak mo **rele** nan paj 7. Lòt mo vokabilè yo wap jwenn nan paj 14.*

Kisa ki fè mwen **fache**?

Mwen fache
lè mwen ap
manje **legim**.

Mwen **rele** lè
mwen fache.

Mwen fache lè pesonn pa ka vin jwe.

Mwen **fronce sousi**
lè mwen fache.

Kisa mwen ka fè
lè mwen fache?

Mwen ka **desine** yon foto.

Mwen ka ale monte **bisiklèt** mwen an.

Lis Pawòl

Mo timoun rekonèt lè yo fèk kòmanse li

ale	kisa	mwen
fè	manje	yon

Mo pouw Konnen

bisiklèt

desine

fache

fronce sousi

legim

rele

50 mo

Kisa ki fè mwen **fache**?

Mwen fache lè mwen ap manje **legim**.

Mwen **rele** lè mwen fache.

Mwen fache lè pesonn pa ka vin jwe.

Mwen **fronce sousi** lè mwen fache.

Kisa mwen ka fè lè mwen fache?

Mwen ka **desine** yon foto.

Mwen ka ale monte **bisiklèt** mwen an.

Emosyon Mwen Yo
FACHE

CRABTREE
Publishing Company

Ekri pa: Amy Culliford
Ki fèt pa: Rhea Wallace
Devlopman Seri a pa: James Earley
Korektè: Ellen Rodger
Konsiltan Edikasyon: Christina Lemke M.Ed.
Tradui pa: Jean-Pierre Gaston

Photographs:
Shutterstock: Juan Pablo Gonzaález: cover; maxim ibragimov: p. 1; TY Lim: p. 3, 14; thevisualsyou need: p. 5, 14; wavebreakmedia: p. 6, 14; Olga Enger: p. 8-9, 14; Mandy Godbehear: p. 10; Julia Kuzhetsova: p. 11, 14; Spotmatik Ltd: p. 13, 14

Crabtree Publishing Company
www.crabtreebooks.com 1-800-387-7650

Published in the United States
Crabtree Publishing
347 Fifth Avenue
Suite 1402-145
New York, NY, 10016

Published in Canada
Crabtree Publishing
616 Welland Ave.
St. Catharines, Ontario
L2M 5V6

Printed in Canada/102021/CPC